Raquel García Prieto

Paula
contra
las Fallas

Ilustraciones de Clarissa Corradin

Lecturas ELI Adolescentes

Raquel García Prieto
Paula contra las Fallas
Ilustraciones de Clarissa Corradin

ELI Readers
Ideación de la colección y coordinación editorial
Paola Accattoli, Grazia Ancillani, Daniele Garbuglia (Director de arte)

Proyecto gráfico
Sergio Elisei

Compaginación
Gianluca Rocchetti

Director de producción
Francesco Capitano

Créditos fotográficos
Shutterstock

© 2022 ELI s.r.l.
P.O. Box 6
62019 Recanati MC
Italia
T +39 071750701
F +39 071977851
contacto@eliediciones.es
www.eliediciones.es

Font utilizado 13/18 puntos Monotipo Dante

Impreso en Italia por Tecnostampa – Pigini Group Printing Division –
Loreto – Trevi (Italia) – ERT 275.01
ISBN 978-88-536-3505-1

www.eligradedreaders.com

Las Lecturas ELI son una completa
gama de publicaciones para lectores
de todas las edades, que van desde
apasionantes historias actuales a los
emocionantes clásicos de siempre.
Están divididas en tres colecciones:
Lecturas ELI Infantiles y Juveniles,
Lecturas ELI Adolescentes y Lecturas
ELI Jóvenes y Adultos. Además de
contar con un extraordinario esmero
editorial, son un sencillo instrumento
didáctico cuyo uso se entiende de forma
inmediata. Sus llamativas y artísticas
ilustraciones atraerán la atención de los
lectores y les acompañarán mientras
disfrutan leyendo.

Sumario

Estos iconos señalan las partes de la historia que han sido grabadas.

empezar   **parar** ◼

Personajes principales

Quico   Paula   Vega   Germán

Teresa   Carla   Mestre Marc   Hugo

Vocabulario

1 ¿Qué es? Une cada dibujo con su nombre.

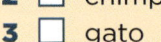

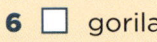

1 ☐ rinoceronte   **4** ☐ perro

2 ☐ chimpancé   **5** ☐ jirafa

3 ☐ gato   **6** ☐ gorila

2 Lee estos adjetivos sobre los personajes. Busca sus contrarios en la sopa de letras.

guapísimo .....*feísimo*.....   **4** sensible ....

1 alto ....   **5** tranquila ....

2 popular ....   **6** feo ....

3 atrevida ....   **7** enfadada ....

X	C	O	N	T	E	N	T	A	B
I	N	S	E	N	S	I	B	L	E
B	Z	O	R	N	J	L	A	H	T
O	K	L	V	Ñ	P	U	J	Q	Í
N	F	E	Í	S	I	M	O	V	M
I	M	P	O	P	U	L	A	R	I
T	Z	A	S	K	R	H	E	F	D
O	M	B	A	R	L	P	G	H	A

3 Une cada palabra o expresión con su definición.

1 ☐ protectora de animales

2 ☐ pandilla

3 ☐ quisquillosa

4 ☐ mascota

5 ☐ meterse en líos

6 ☐ estar de mala leche

a animal doméstico de compañía

b crearse problemas

c asociación que protege a los animales que necesitan ayuda

d grupo de amigos que salen mucho juntos

e estar enfadado

f persona que se enfada o que se ofende fácilmente

Comprensión auditiva

▶ 2 **4** Escucha el primer capítulo y di si estas frases son verdaderas o falsas.

		V	F
1	Paula y Vega son hermanas gemelas.	☐	☐
2	Vega y Paula son muy simpáticas y abiertas con la gente.	☐	☐
3	Quico es un vecino de Paula.	☐	☐
4	A Paula le gustan mucho los animales.	☐	☐
5	A Vega le gustan las redes sociales.	☐	☐
6	Germán es un chico guapo y quiere defender a los animales.	☐	☐
7	Paula piensa que las Fallas son peligrosas para los animales.	☐	☐
8	Durante las Fallas hay mucho silencio.	☐	☐

Capítulo 1

Contra todos

▶ 2 —Paula, tía*, ¿por qué tienes que meterte siempre en líos? ¿Quieres ser la Greta Thunberg valenciana? Solo te faltan las trenzas, por lo demás eres igualita: siempre con cara de mala leche, chándal o vaqueros hasta para ir de fiesta y con ganas de pelearte con todos. ¡Parece que quieres más a los perros que a las personas! Yo también quiero mucho a Quico, claro, pero tú te pasas*. ¡Pero si te deja toda llena de pelos!

Paula le lanzó una mirada asesina a Vega. Desde que adoptó a Quico en la protectora de animales donde trabajaba como voluntaria, los dos eran inseparables. ¡Esta vez se estaba pasando! ¿Cómo podían ser tan diferentes y tan iguales a la vez? Dos gemelas idénticas como dos gotas de agua físicamente, pero, por lo demás, dos polos opuestos. No se llevaban mal, en realidad nunca se peleaban en serio. Bueno, solo aquel verano en que se enamoraron del mismo chico, Germán.

tía: (coloquial) palabra para llamar o dirigirse a amigas o a amigos ¿Qué tal, tío?

te pasas: (coloquial) exageras

10

Era un tío estupendo, ¡madre mía! Un poco mayor que ellas, guapísimo y con mucho estilo. Claro, por eso le gustaba tanto a Vega, la más popular, presumida y atrevida de las dos. A Paula le gustaba porque también él era sensible con los animales, rebelde, fuera de lo normal. Estaban siempre todos juntos en la misma pandilla, iban a la playa y se lo pasaban genial. Pero Germán nada, solo pensaba en sus cosas. Y al final, un par de años más tarde eligió a Teresa. Todavía se veían en el insti* o por la calle, pero el grupo de aquel verano se disolvió y ahora la pandilla era diferente.

—¡Paula! ¡Paulaaaaaa! —gritó Vega—. ¿Me has oído? ¿Estás hipnotizada?

—Ya vale, Vega. ¿Por qué gritas tanto? Me estás hartando, ¿sabes? ¿Te crees mejor que Greta porque te pintas las uñas y nunca sales sin maquillaje? A ti lo que te pasa es que solo te interesa ligar* y acumular likes por Instagram —dijo enfadada Paula, volviendo de pronto del recuerdo a la realidad—. Y tranquila por los pelos de Quico, él no se va a acercar a ti ni a tus amigas.

insti: (abreviatura de "instituto") escuela secundaria superior   **ligar:** (coloquial) conquistar a los chicos

No soporta el olor de vuestros perfumes.

—Lo que yo decía: qué mal humor, chica. ¡Te van a salir arrugas con ese gesto tan feo en la cara! ¡Anda, una sonrisita! —contestó Vega alegremente. Se acercó a su hermana y le obligó a sonreír estirándole los labios con los dedos y formando con ellos un arco. Esta era una gran virtud de Vega: no se enfadaba casi nunca, no era quisquillosa y siempre resolvía fácilmente los conflictos que podían surgir entre las dos con buen humor. También era capaz de crear momentos de armonía en la pandilla cuando se enfadaban entre ellos. No como Paula, que prefería quedarse en un segundo plano y que se lo tomaba todo muy en serio... a veces demasiado.

—Bueno, déjate de bobadas. Estoy hablando en serio. ¿Me vas a ayudar o no? —preguntó Paula, sin poder esconder la risa. Vega siempre conseguía hacer desaparecer la tensión entre ellas. Solo que esta vez, Vega miró con severidad a Paula.

—¿Estás loca? ¡Ni hablar! Este año soy fallera mayor de la comisión, y el año que viene quiero

ser Fallera Mayor de Valencia*, ya sabes que es muy importante para mí. No puedo permitirme hacer el ridículo. Si me meto en líos, ¡me pueden descalificar!

—¿El ridículo? ¿Te parece ridículo defender a los animales? ¿Tú sabes cuánto sufren durante las Fallas? ¡El ruido de las tracas* les deja secuelas* irreparables! Lloran de miedo, les hace daño en los oídos. Muchos animales no se recuperan nunca. ¡A ti eso no te importa?

—Ya, si lo entiendo, hija*. Pero por ese motivo no vas a boicotear* las fallas de Valencia, que se celebran desde hace siglos. ¿Te das cuenta de que la vida de muchas familias depende solo de las Fallas? ¿Y los artistas que trabajan todo el año para crear los ninots*? ¿No piensas en ellos?

—Claro que pienso en ellos, pero son ellos los que no piensan en los animales. Ni ellos, ni tú, ni nadie.

Fallera Mayor de Valencia: mujer elegida como representante de las Fallas y de toda Valencia durante un año.
tracas: petardos colocados en línea que explotan uno tras otro
secuelas: daños

hija: (coloquial) palabra para dirigirse a una amiga, normalmente de manera irónica.
boicotear: intentar obstaculizar o interrumpir
ninots: cada una de las figuras/ personajes que componen una falla

«Bueno, casi nadie» pensó Paula. Intentó disimular con todas sus fuerzas, no debía mostrar su emoción. Germán conocía sus intenciones, estuvo hablando con él el jueves, cuando se encontraron en el Bioparc* por casualidad. Germán estaba solo aquel día, observaba los animales, sacaba fotos con el móvil y grababa los detalles que veía. Hablaron un rato; los dos pensaban que no era justo tener animales salvajes en un lugar como el Bioparc, alejado de su hábitat natural. Leones, rinocerontes, gorilas, chimpancés, jirafas... todos viviendo en lugares reducidos, sin poder gozar de su libertad. Germán decía que en zoos como este privamos de su libertad a estos animales. ¿Para qué? ¿Para salvarlos? ¡Qué contradicción! Estos lugares intentan evitar la desaparición de muchas especies, porque en la naturaleza están en peligro de extinción y es necesario ayudarlas a reproducirse. Como afirmaba Germán, si están en peligro de extinción es por culpa del ser humano, ¿no? La solución no puede ser tenerlos aquí encerrados, la solución debe ser no destrozar su hábitat natural.

Bioparc: parque zoológico de Valencia

También dicen que los zoos pueden educar a las personas a amar a los animales. ¡Tonterías! ¡Las personas no saben cuidar a sus propios perros y gatos! «Aquí, en Valencia, están todos orgullosos de sus petardos y sus fuegos artificiales durante las Fallas y no piensan ni un segundo en el dolor que provocan a sus mascotas. ¡La gente necesita una buena lección!» decía Paula, enfadada. Germán estaba de acuerdo con ella, pero pensaba que no se podía hacer nada. «A lo mejor sí, Germán» le contestó Paula, con aire misterioso.

—¿Qué me estás escondiendo, nena? ¡A mí no puedes mentirme! —dijo Vega, mirando a su hermana a los ojos. Paula dio un salto: «Es verdad», pensó. «¡Va a ser muy difícil esconderle que he visto a Germán!».

Comprensión lectora

1 **Marca la respuesta correcta.**

1 Quico es:
- **A** ☐ un amigo de Paula y Vega.
- **B** ☐ la mascota de Paula.
- **C** ☐ muy sucio.

2 Paula:
- **A** ☐ siempre se enfada con su hermana.
- **B** ☐ sale con Germán.
- **C** ☐ es introvertida y comprometida.

3 A Vega:
- **A** ☐ le encanta cuidar su imagen y es simpática.
- **B** ☐ solo le preocupa su imagen y es egoísta.
- **C** ☐ le preocupan mucho los animales.

4 Vega no quiere ayudar a Paula porque:
- **A** ☐ no le interesan los animales.
- **B** ☐ si la ayuda puede tener problemas para ser fallera.
- **C** ☐ no ha visto a Germán.

5 Germán es:
- **A** ☐ un chico que le gusta a Paula.
- **B** ☐ un amigo de Paula que le gusta a Vega.
- **C** ☐ un chico que trabaja en el zoo de Valencia.

6 Paula opina que para ayudar a los animales, lo mejor es:
- **A** ☐ cuidarlos en casa.
- **B** ☐ protegerlos en los zoos.
- **C** ☐ no dañar la naturaleza.

Vocabulario

2 **Relaciona cada persona con sus adjetivos. Si lo necesitas, busca en el diccionario.**

a	tímido/a
b	alegre
c	sensible
d	serio/a
e	rebelde
f	presumido/a

Paula: ....

Vega: ....

Germán: ....

DELE – Expresión oral

3 **Mira la ilustración de la página 15 y descríbela. Puedes comentar estos detalles:**

– ¿Dónde nos encontramos? Describe el lugar: di si es al aire libre o es un lugar cerrado.
– ¿Qué objetos se ven? ¿En qué posición se encuentran?
– ¿Hay personas? ¿Y animales? ¿Cómo son?

Actividad de prelectura

DELE – Comprensión auditiva

▶ 3 **4** **Escucha el capítulo 2 y une cada imagen con su frase correspondiente (sobran 2).**

d Durante las Fallas, los ninots desaparecen porque los destruye el... .

1 ☐ Teresa no tiene un ... de fallera lujoso.

2 ☐ Mestre Marc era un gran ... y escultor.

3 ☐ Cuando Teresa y Hugo están hablando, suena el... .

Capítulo 2

El lugar de las maravillas

▶ 3 Durante el mes de febrero toda la ciudad proyecta, construye, pinta, cose y plancha, cocina, limpia, riega flores y hace otras mil actividades febrilmente. Los valencianos se sienten más unidos y emocionados que nunca durante los últimos preparativos de la fiesta más importante de todas, que va a empezar en marzo: las Fallas son el momento más esperado de todo el año. Nada se puede comparar con esas semanas de ritos y diversión que teminan con la magia del fuego que todo lo devora. Pero también hay una gran competición entre las comisiones* falleras de cada barrio o calle. Cada comisión guarda el secreto del tema y la composición de su propia falla, y sus artistas y carpinteros trabajan sin cesar.

Los valencianos tienen un gran sentido del humor y saben crear figuras llenas de ironía y gracia, pero también de crítica social: la política, la televisión, los personajes famosos... ¡nadie se

comisiones falleras: agrupación de vecinos que apoyan y organizan la creación de una falla.

salva! Y en la noche de *Sant Josep*⋆, durante la *cremà*⋆, los ninots de las más de setecientas fallas de la ciudad desaparecen calcinados⋆ por un fuego inmenso y mágico. A la mañana siguiente, todas las calles se limpian de basuras y restos de pólvora que dejan las desenfrenadas fiestas detrás de sí. Y casi sin descanso, comienzan otra vez los preparativos para el año siguiente.

※※※

Teresa sentía una admiración y un cariño inmensos hacia su abuelo, al que todos conocían como Mestre⋆ Marc. El abuelo era un artista fallero en todos los sentidos que sabía crear un ninot desde el principio hasta el fin: era arquitecto, escultor, pintor y decorador. Dirigía el taller de la comisión de la plaza del Oeste y les enseñaba a los jóvenes aspirantes a artesanos falleros todo lo que sabía. En la comisión del Oeste no pasaba como en otras comisiones, en las que abundaba el dinero. Esas comisiones contrataban a grandes

---

Sant Josep: (en valenciano y catalán) San José, fiesta celebrada el 19 de marzo
cremà: (valenciano y catalán) momento en el que se queman todos los monumentos falleros

calcinados: totalmente quemados
Mestre: "maestro" en valenciano y catalán

artistas para crear sus fallas. En la falla del Oeste eran humildes pero grandes artistas.

Teresa este año iba a ser la fallera mayor de su comisión, pero su sueño era convertirse en Fallera Mayor de las Fallas de Valencia. Como su amiga Vega. Sabía que era muy difícil, o más bien imposible, por muchas razones. Su vestido de fallera no era tan lujoso y costoso como el de otras falleras y sobre todo la comisión del Oeste no era de las más importantes de Valencia. Vega tenía más suerte en eso: la comisión de los Carpinteros era más grande y tenía más recursos. «Para colmo, a papá y a mamá no les importan nada las Fallas. Seguro que van a tener algún compromiso de trabajo fuera de Valencia, como siempre durante todo el mes de marzo». Teresa estaba acostumbrada a estar sola con su abuelo o con sus amigos. Y su relación con Germán ya no era como antes. A él tampoco le interesa mucho el tema de las Fallas, siempre está pensando en salir de fiesta, en los animales o en estudiar. ¡Ya estaba pensando en ir a la universidad para ser biólogo!

Esas eran sus preocupaciones. «Voy a tener que hacerlo todo yo sola, como siempre» pensó.

Buscó el móvil y le mandó un mensaje a Germán:

Horchata y fartons* donde Jordi?

—¡*Bon dia**, Teresa! —dijo una alegre voz detrás de ella—. Es muy pronto para venir al taller, ¿no?

El taller de mestre Marc se encontraba en la Ciudad Fallera, construida cuando el abuelo era muy pequeño. La Ciudad Fallera ahora tenía pocos talleres, muchas de las naves en las que se antes se construían ninots eran ahora almacenes, talleres mecánicos... incluso había un par de pirotecnias* en las naves más alejadas.

—*Bon dia*, Hugo. Sí, hoy hace sol y he salido a correr un poco. Quería saludar a mi abuelo, pero no está. ¿Hoy no viene?

—No, hoy se queda en casa. Tiene que descansar un poco y además tu abuela lo va a matar si no pasa un día con ella. Tengo yo las llaves del taller, ¿vienes a ver el ninot que estoy haciendo? —casi suplicó Hugo, feliz de poder mostrarle a Teresa su

Horchata y fartons: bebida y dulce típicos de Valencia.
Bon día: "buenos días" en valenciano y catalán

pirotecnia: fábrica de materiales explosivos y fuegos artificiales

obra de arte. Justo en ese momento sonó el tono de mensajes del móvil de Teresa, que lo sacó del bolsillo y sonrió alegremente.

—Es Germán, me voy a desayunar con él. Gracias Hugo, vengo mañana o pasado y me lo enseñas, ¿vale? ¡*Adeu*⋆!

Teresa salió corriendo y dejó a Hugo con la palabra "adeu" en la boca. Hugo se dio la vuelta y abrió la puerta del taller. Allí dentro reinaba la magia: animales fantásticos, flores y setas gigantes, el Sombrerero Loco... Mestre Marc eligió el tema de "Alicia en el País de las Maravillas" porque era el libro preferido de su nieta Teresa. Y la comisión aprobó la idea del anciano maestro.

Hugo miró el ninot de Alicia, el personaje principal de la falla, que empezaba a tomar forma. Era su ninot, era el primero que Hugo hacía sin ayuda, con el permiso de Mestre Marc. Y Alicia era Teresa, la chica más estupenda del mundo. El joven artesano lo estaba haciendo para ella. Pero ella... ella quería a Germán, uno a quien no interesaban las Fallas. ¿Cómo era posible?

adeu: "adiós" en valenciano y catalán

Hugo deseaba el mayor reconocimiento para su ninot. Como todos los años, solamente un ninot de las Fallas era indultado y no se quemaba: permanecía para siempre en el Museo Fallero y lo podían admirar valencianos y turistas. Hugo estaba decidido: Alicia debía salvarse, ¡debía ser el *ninot indultat**!

—Teresa va a estar orgullosa de mí. Esta es mi manera de demostrarle que soy mejor que Germán. Y, el año que viene, todos van a recordar que Teresa es Alicia. ¡Va a ser Fallera Mayor con mi ayuda!

Hugo soñaba despierto. Alegremente, empezó a trabajar. ■

ninot indultat: "ninot indultado" en valenciano y catalán

Comprensión lectora

1 **Une cada pregunta con su respuesta.**

1 ☐ ¿En qué mes se celebran las Fallas?
2 ☐ ¿Cómo se sienten los valencianos durante la preparación de las fiestas?
3 ☐ ¿Quién es Mestre Marc?
4 ☐ ¿Por qué Teresa está acostumbrada a estar con su abuelo y sus amigos?
5 ☐ ¿Qué quiere enseñarle Hugo a Teresa?
6 ☐ ¿Qué significa que un ninot "es indultado"?
7 ☐ Hugo está enamorado de Teresa. Pero, ¿quién es el novio de Teresa?

a Es el abuelo de Teresa, un artesano fallero muy respetado.
b En marzo.
c Porque sus padres pasan mucho tiempo fuera trabajando.
d Germán.
e Que el ninot no se quema durante las Fallas.
f Muy unidos y emocionados.
g El ninot de Alicia.

Gramática

2 **¿Ser o estar? Completa las frases en Presente de indicativo.**

1 Mestre Marc .... un magnífico artista fallero.
2 Cuando Teresa llega al taller, Mestre Marc no ....
3 Los padres de Teresa nunca .... en Valencia durante las Fallas.
4 Las preocupaciones de Germán .... los animales, los estudios y las fiestas.
5 Hugo .... haciendo un ninot de Alicia, que es en realidad Teresa.

3 **Teresa y Germán están desayunando. Hablan de sus planes. Completa con la perífrasis "ir a + infinitivo" usando los verbos del recuadro.**

ver • terminar • venir • hacer • tener • empezar

1 **Teresa:** ¡Mmm! Estos *fartons* están buenísimos. Germán, ¿cuándo (tú) .... al taller de mi abuelo? Si quieres, te enseño la falla.

2 **Germán:** Ya sabes que estoy muy ocupado últimamente. El martes (yo) .... un examen de Ciencias y estoy estudiando mucho.

3 **Teresa:** Sí, sí, ya lo sé. Pero es que las Fallas (ellas) .... y tú no estás nada contento ni emocionado. ¿No te interesan?

4 **Germán:** Sí, me gustan... pero no me entusiasman. Mira, mañana (yo) .... una tarea sobre los animales del Bioparc, pero el fin de semana hacemos lo que tú quieras.

5 **Teresa:** Vale, vale. Me lo has prometido, ¿eh? (nosotros) .... el ninot que está haciendo Hugo.

6 **Germán:** Hugo por aquí, Hugo por allá... ¡Tú hablas siempre de Hugo! Venga, (nosotros) .... el desayuno, que tengo prisa.

Actividad de prelectura

DELE - Producción escrita

▶ 4 **4** **Imagina que eres Hugo. Escribes un mensaje a tu amigo Jordi, el dueño del bar. Cuéntale cómo vas a hacer el ninot de Alicia. Escribe unas 30 palabras.**

¡Hola Jordi!
En pocos minutos vas a ver entrar a Teresa y a Germán.
Te cuento un secreto: estoy haciendo un ninot que va a ser....

Capítulo 3

Un plan arriesgado

▶ 4 Paula acariciaba a Quico y observaba a su madre, que estaba preparando la cena. Carla era una magnífica cocinera. Se ocupaba de todo cuando se organizaban cenas en el casal* y sobre todo si había que preparar una paella*: ¡la suya era una de las mejores de toda Valencia! Ahora que los casales estaban siempre llenos de gente y de movimiento, Carla no descansaba nunca. También se encargaba de la parte menos divertida de las comisiones: la contabilidad*. Es una gran responsabilidad, porque si no hay dinero suficiente, la falla no puede constuirse. ¡Y eso no puede ser! La verdad es que queda poco tiempo libre para tener aficiones personales cuando formas parte de una comisión fallera desde hace... ¿cuántos años?

¡Seguro que ya no se acuerda! Carla fue Fallera Mayor en su juventud, estudió arqueología en la universidad, se casó y poco después nacieron las gemelas. Paula recordaba las fotos de su madre

---

casal: sede de cada comisión fallera donde se reunen sus miembros para celebrar fiestas y tomar decisiones

paella: plato originario de Valencia a base de arroz con varios ingredientes

contabilidad: gestión económica

en las que exploraba excavaciones y estudiaba jeroglíficos en Egipto. ¡Qué vida de aventuras y descubrimientos perdida para siempre! Veía los movimientos seguros y veloces de Carla, ocupada con los fogones. Su expresión era seria y concentrada. «Seguro que Vega va a ser feliz haciendo lo mismo que mamá. ¡Pero yo no! Y mamá tampoco es feliz. Ella dice que sí, pero yo sé que miente». La verdad es que Paula odiaba las Fallas. Por los animales, por su madre y porque sentía que aquel no era su mundo. Concentrada en estos pensamientos, no se dio cuenta de que tenía una expresión de enfado tremenda.

—Pero hija, ¿qué te pasa? Ya sé que no te gusta mucho estar aquí, pero estás exagerando, ¿no? Anda, ayúdame a poner la mesa, esta noche vienen Mestre Marc con otros de Oeste, que son muy majos★. ¡Hoy la paella tiene muy buena pinta★! ¿Te quedas a cenar?

—Vale, mamá —contestó Paula—. Seguro que está riquísima, como siempre. Y tranquila, estoy bien. Es solo que tengo un examen de Mates★ mañana, luego me voy a estudiar.

majos: (coloquial) simpáticos
buena pinta: aspecto excelente

Mates: abreviatura de Matemáticas

Paula no compartía el entusiasmo de su madre, pero intentó disimular para no preocuparla. La verdad es que estaba nerviosa. A su hermana Vega le encantaban estas cenas, y Vega y Teresa eran muy amigas. Seguro que Teresa venía a la cena... ¡y con ella también podía venir Germán! ¡Podía ser la ocasión perfecta para hablarle de su plan y para pedirle ayuda! Un plan secreto que nadie más podía conocer. Ni Teresa, ni nadie. ¡Un secreto solo de ellos dos!

Había un ambiente alegre y cordial en el casal de los Carpinteros esa noche. El casal reveló el tema de su falla, que eran las aventuras de Don Quijote★. Carla recibió felicitaciones por la exquisita paella ofrecida para la cena y estaba contentísima. La gente tocaba música tradicional con bandurrias y dulzainas★ y los mayores bailaban.

Los jóvenes se cansaron pronto porque preferían otros tipos de música.

—¡Nosotros nos vamos al parque a dar una vuelta! —dijeron Vega y Teresa, animando a

---

Don Quijote: famoso personaje literario creado por Miguel de Cervantes (1547-1616)

bandurrias y dulzainas: instrumentos musicales de la música tradicional valenciana

los demás chavales a unirse a ellas. Entre ellos estaban Paula, Germán y Hugo. Decidieron ir a la zona de la Ciudad de las Artes y de las Ciencias. Sus fantásticos edificios eran estupendos con la iluminación multicolor de la noche.

—¿Por qué están tan ciegos los valencianos? —comentó Paula, mirando el brillante Hemisfèric*. Su reflejo en el agua lo transformaba en un ojo abierto.

—No están ciegos: simplemente no quieren ver. Piensan solo en su fiesta, no tienen en cuenta la contaminación acústica que produce —contestó Germán. Estaban un poco separados de los demás. Paula sintió que era el momento.

—Germán, yo voy a protestar. Quiero dar voz a los animales, que no pueden hablar para defenderse. Pero creo que no puedo confiar en nadie... o casi. ¿Tú te apuntas?

—¿Cuál es el plan? ¿Nos van a meter en la cárcel? —preguntó Germán, divertido.

—Te estoy hablando en serio —replicó Paula, ofendida y herida por el tono de Germán.

Hemisfèric: uno de los edificios de la Ciudad de las Artes y las Ciencias de Valencia.
(Ver Reportaje, pág. 61)

—Perdona, Paula. Dime qué has pensado hacer.

—Quiero llevarme a todos los perros de la protectora de animales en una furgoneta y soltarlos en la Plaza del Ayuntamiento antes de los fuegos, el primer día de la *mascletà**, que es la peor parte de las Fallas. Se repite todos los días, por desgracia. Pero el factor sorpresa es lo único que tengo. También voy a disfrazarme de perro y a gritar por un megáfono. ¡Solo de esa forma nos van a escuchar!

—Estás un poco loca, ¿sabes? —dijo Germán, pensativo— ¿Y yo qué puedo hacer?

—Yo no tengo carné de conducir. Puedo tomar prestada la furgoneta de la protectora, que es grande. Solo tienes que conducirla hasta cerca de la plaza y luego te vas, porque no puedes aparcar allí. Yo bajo con los perros y el resto es asunto mío.

—¡Jo, Paula! Eres muy valiente, en serio. De acuerdo: cuenta conmigo.

La cara de Paula se iluminó en medio de la noche. ¡Germán estaba de su parte! Delante de ellos, sus amigos también charlaban y reían.

mascletà: (valenciano) composición muy ruidosa y rítmica que se dispara con motivos festivos en plazas y calles durante el día

Hugo observaba a Paula y a Germán en silencio. Le parecía sospechoso ese modo de hablar entre ellos, estaban muy juntos y susurraban. Teresa no se preocupaba de nada, estaba siempre pegada a Vega. ¿Germán estaba engañando a Teresa? No, era imposible... Pero por otra parte, Paula y Germán se parecían en muchas cosas. Parecían hechos el uno para el otro. Los animales, el rechazo a las tradiciones... «Tengo que descubrir qué hay entre ellos», pensó. «No quiero que le rompa el corazón a Teresa». ◾

Actividades

Comprensión lectora

1 **¿Verdadero o falso? Corrige las frases falsas en tu cuaderno.**

		V	F
1	Carla es la Fallera Mayor de Valencia.	☐	☐
2	Carla estudió arqueología, pero ahora no se dedica a esta profesión.	☐	☐
3	A Paula le gustan las Fallas, sobre todo por la paella.	☐	☐
4	El casal de los Carpinteros y el del Oeste se llevan bastante mal.	☐	☐
5	Paula confía en Germán y le cuenta sus planes para protestar contra el ruido durante las Fallas.	☐	☐
6	Germán no quiere ayudar a Paula porque teme ir a la cárcel.	☐	☐
7	El rol de Germán es conducir una furgoneta.	☐	☐
8	Hugo está preocupado porque piensa que Germán engaña a Teresa.	☐	☐

Gramática

2 **Completa usando las preposiciones "de", "en" o "a".**

1 Paula ha decidido disfrazarse .... perro.

2 Vega y Paula siempre ayudan a Carla .... poner la mesa.

3 Germán cree que Paula no habla .... serio.

4 Durante el paseo por el parque, Hugo está pensando .... Teresa.

5 Carla forma parte .... la Comisión de los Carpinteros.

6 Los chavales van .... dar una vuelta al parque.

Vocabulario

3 **Forma expresiones o colocaciones uniendo las dos columnas.**

1 (tener) buena	**A** perfecta
2 ocasión	**B** voz
3 música	**C** para el otro
4 contaminación	**D** pinta
5 dar	**E** acústica
6 factor	**F** prestado
7 tomar	**G** sorpresa
8 carné	**H** el corazón (a alguien)
9 (estar) hechos el uno	**I** de conducir
10 romperle	**J** tradicional

Actividad de prelectura

DELE – Comprensión auditiva

▶ 5 **4** **Escucha el capítulo 4, con especial atención cuando hablan los personajes. ¿A quién se refieren estas frases? (P = Paula; V = Vega; T = Teresa)**

	P	V	T
Grita por un megáfono.	✓		
1 Está muy enfadada con Paula por lo que ha hecho en la plaza.			
2 Dice que los animales sufren mucho a causa del ruido.			
3 Llora porque se siente engañada.			
4 Afirma que Paula estaba horrible disfrazada de Perro.			

Capítulo 4

La traición

▶ 5 El día 1 de marzo la Plaza del Ayuntamiento, la más grande de toda Valencia, estaba llena hasta los topes* de gente. Todos esperaban con impaciencia el inicio de la mascletá. Faltaban diez minutos para las 14:00, hora en la que todos los días tiene lugar el espectáculo de estruendo atronador, y la gente ya empezaba a silbar: el público pedía ruido y olor a pólvora. La Fallera Mayor, desde el balcón del ayuntamiento, tomó el micrófono para gritar: «*Senyor pirotécnic, pot començar la mascletá**!». Todos los ojos la miraron conteniendo la respiración y… de pronto se oyó una extraña voz que gritaba:

> *¡Destrozan mis oídos*
> *tus horribles ruidos!*
> *¡Tu amigo de toda la vida*
> *en las Fallas se te olvida!*

hasta los topes: al máximo

Senyor pirotécnic, pot començar la mascletá: (valenciano) Señor pirotécnico, puede empezar la mascletá

Todas las cabezas -y las cámaras de televisión- se giraron de pronto hacia la zona vallada* donde colgaban los *masclets**. La escena dejó a todos con la boca abierta. Una persona disfrazada de perro corría y gritaba por un megáfono mientras un montón de perros ladraban a su alrededor. Tras los primeros segundos de sorpresa, la policía detuvo al perro bípedo* y a sus alegres cómplices y se los llevó a la Central*. Poco después, con pocos minutos de retraso, la mascletá hizo retumbar la plaza.

✳✳✳

—¡¿Pero... por qué?! ¿Por qué lo has hecho? ¡Podías quedarte en tu protectora con tus perros, pero no! ¡Tenías que estropear la fiesta! —chillaba Vega mirando a Paula.

—Vega, tranquila. ¡No es culpa tuya! —intentaba tranquilizarla Teresa.

—¿Estáis todas bien? —preguntó Carla, entrando en ese momento en la cocina de casa. Vega corrió hacia ella y la abrazó llorando.

---

vallada: protegida por vallas
masclets: (valenciano) petardos de una gran potencia sonora

bípedo: que camina con dos pies
Central: sede de la Policía

—¡Mamá, ahora todos saben que mi hermana es una delincuente, una rebelde! ¡Nunca voy a ser Fallera Mayor!

Paula permanecía sentada y en silencio. Era la primera vez que Vega lloraba tanto por su culpa y se sentía muy mal por ello. ¿Qué debía hacer? «¡Sé que tengo razón! Ahora toda Valencia habla del daño que sufren los animales» pensaba Paula. Tenía el corazón dividido entre el cariño hacia Vega y su sincero compromiso hacia el bienestar de los animales.

—Paula, hija, ¿qué has conseguido con ese espectáculo? Menos mal que te han perdonado y has evitado una denuncia. Pero si hay una próxima vez, las consecuencias van a ser peores, me lo ha dicho la policía.

—Mamá, he escrito decenas de correos al ayuntamiento. Ni una respuesta. ¡Nada! No pretendo detener las Fallas, pero los animales enferman por el ruido, se vuelven locos. ¿Sabes cuántas personas miserables abandonan a sus perros enfermos?

—Bueno, ¿y qué puede hacer el ayuntamiento? ¿Eliminar la mascletá, los petardos, el fuego? —dijo Carla.

—No, mamá. No soy tonta, ya sé que no puede ser. Yo propuse abrir un sitio fuera de la ciudad para llevar a los animales durante unos días. Un albergue para los animales. Ahora la alcaldesa* me ha dicho que lo va a pensar. ¿Ves? ¡Yo no me rindo! ¡He conseguido mucho!

De pronto, se abrió la puerta de la cocina.

—¡Qué pasada, Paula! ¡Has salido en la tele! ¡Y en Instagram tienes un montón de fans! —exclamó con entusiasmo Germán, entrando en ese mismo momento. Carla, Teresa y Vega, paralizadas como estatuas, abrieron los ojos como platos*. Paula alzó los ojos al cielo: «Pero qué torpe* eres, chico» pensó.

—He metido la pata*, ¿verdad? —susurró Germán, rojo como un tomate.

—¿Tú ya lo sabías? ¿Ahora tienes secretos que no me cuentas? Estás de acuerdo con Paula, ¿verdad? Claro, a ti no te interesan las Fallas. ¡Yo tampoco te intereso, por lo que parece!

---

alcaldesa: mujer que está al mando del Ayuntamiento
ojos como platos: ojos muy abiertos a causa de la sorpresa

torpe: inoportuno, desastroso
meter la pata: equivocarse, hacer algo inoportuno

Teresa, con los ojos hinchados por las lágrimas, se fue corriendo. Germán voló detrás de ella.

—Ya sé que para vosotras no tiene importancia, pensáis solo en el honor de ser falleras, pero yo también persigo mis ideales —dijo Paula mirando a su madre y a su hermana—. Lo siento mucho, Vega. De verdad.

—Ya lo sé, Paula. Eres muy cabezota. Pero también eres muy buena, y eso no puede ser una mala publicidad para mí —sonrió por fin Vega—. ¡Lo único que no te voy a perdonar es ese ridículo disfraz de perro! ¡Era horroroso!

Las tres rieron y bromearon un buen rato. Poco más tarde, durante la cena, Paula recibió más de cincuenta solicitudes* por Instagram.

✳✳✳

Una semana más tarde, a medianoche, Mestre Marc y Hugo salieron del taller. Siempre eran los últimos en irse. Era el momento de la cuenta atrás: la falla debía estar lista para la noche de

---

solicitudes: peticiones (de aceptación)

la plantá★. Estaban trabajando muchísimo para dejarla perfecta y se sentían muy orgullosos del trabajo realizado. Era a la vez bella e ingeniosa. Sus personajes eran una mezcla de fantasía y realidad, expresaban una sutil crítica a los defectos de la sociedad y la política, pero eran también divertidos e irónicos.

Hugo arrancó★ el coche para llevar a su maestro a casa.

—Teresa no está disfrutando de las fiestas. Ha discutido con Germán por lo de Paula, y no me extraña. Estos jóvenes… ¡no tienen ningún respeto por la tradición más importante del mundo!

Hugo escuchaba en silencio y no sabía si estar contento o no. ¡Pobre Teresa! Miró por el espejo retrovisor y, de pronto, vio humo. «¿Humo?» pensó. «¿De dónde sale…? ¡¡Oh, no!! ¡¡El taller!!».

—¡Mestre Marc, sale humo del taller! ¡Es un incendio! ¡Llame a los bomberos, rápido! —gritó Hugo y salió corriendo del coche con todas sus fuerzas para intentar salvar la falla. ■

---

plantà: (valenciano) momento en el que la falla "se planta": se coloca en su lugar en una plaza o calle

arrancar: poner en marcha un automóvil

DELE – Comprensión de lectura

1 Marca la respuesta correcta.

1 Una persona grita usando un megáfono desde:
A ☐ el balcón del Ayuntamiento.
B ☐ la plaza del Ayuntamiento.
C ☐ la protectora de animales.

2 Paula dice que mucha gente:
A ☐ abandona a sus animales cuando enferman.
B ☐ lleva a sus animales a las Fallas para que sufran.
C ☐ enferma a causa de los ruidos de los petardos.

3 Teresa llora porque:
A ☐ no podrá ser Fallera Mayor.
B ☐ Germán se ríe de ella.
C ☐ se siente engañada por Germán.

4 Vega perdona a Paula porque:
A ☐ el disfraz de perro era horrible.
B ☐ es una persona muy simpática.
C ☐ sabe que su hermana no tenía malas intenciones.

5 Cuando vio el humo, Hugo:
A ☐ estaba en su coche con Mestre Marc.
B ☐ llamó en seguida a los bomberos.
C ☐ pensó en Teresa y se sintió contento.

Gramática

2 **¿Qué sucedió durante el incendio del taller de Mestre Marc? Completa con los verbos en Pretérito indefinido.**

> ayudar • dirigir • llegar • abrir • apagar • entrar • ver

Hugo **1** .... la puerta de la entrada del taller.
Muchos ninots se quemaban, las llamas eran altísimas.
A la derecha **2** .... el grifo del agua y una manguera
de plástico que usaban para lavar las herramientas de
trabajo. **3** .... el agua de la manguera hacia los ninots.
Mestre Marc **4** .... también y **5** .... a Hugo. Un
rato después, los bomberos **6** .... y **7** .... el fuego
que quedaba.

Actividad de prelectura

Vocabulario

3 **El incendio fue grave, se salvaron pocos ninots. Completa el crucigrama y descubre el nombre de uno de ellos.**

1 Mujer al frente del ayuntamiento de una localidad, que gobierna en ella.
2 Lugar donde se alojan y duermen personas o animales.
3 Gotas de agua que salen de los ojos cuando lloramos.
4 Sinónimo de amor, afecto.
5 Pequeño espejo del coche que sirve para mirar hacia atrás sin girar la cabeza.
6 Instrumento portátil que sirve para amplificar el volumen de la voz.

Capítulo 5

Fuego y nuevo inicio

▶ 6 Teresa, acompañada por Vega, fue a primera hora de la mañana al hospital para visitar a su abuelo. No tenía grandes quemaduras, pero respirar humo no es bueno para un hombre tan mayor.

—Oh, no te preocupes tanto, mi niña. ¡Mañana vuelvo a casa! —dijo Mestre Marc abrazando a su nieta.

—Abuelo, ¡qué preocupada estaba! Ahora tienes que descansar, no debes ponerte malo por nada del mundo. ¡Ni siquiera por las Fallas!

—Ah, pues no tienes que preocuparte por eso. ¡Tu abuela ya me ha amenazado de muerte si salgo de casa sin su permiso! Pero no pasa nada. De la falla se ocupa Hugo, que es mi mejor aprendiz… y no va a tardar en ser un maestro.

—Hugo se ha comportado como un verdadero héroe, abuelo. Pero la falla… —Teresa miró a su abuelo con lágrimas en los ojos— ¡La falla está casi destruida! Solo se han salvado algunos ninots.

—Lo sé, hija… No podemos hacer nada, los ninots salvados formarán una falla más humilde.

—Abuelo, dicen que no está claro el origen del fuego. ¡Yo sospecho que no ha sido un accidente!

Vega y Mestre Marc le preguntaron qué pensaba, pero ella no quiso contestarles. Poco tiempo más tarde, las chicas se fueron a sus casas.

✳✳✳

Paula limpiaba alegremente el patio por el que corrían los perros de la protectora de animales.

—¡Ahora os preparo la comida, chicos!

No podía ser más feliz. La decisión de la alcaldesa de ceder a los animales un lugar a las afueras de Valencia durante las Fallas era sencillamente maravillosa. ¡Qué noticia! «Normal, no le queda más remedio. ¡El ayuntamiento ha recibido cientos★ de mensajes pidiendo una solución para los pobres animalitos! ¿Y si me llaman a mí para ocuparme de ellos? ¡Ojalá!★» reflexionó. De pronto, sonó el timbre de la puerta. Paula fue enseguida a abrir, y descubrió que era Teresa.

—¡Hola, Teresa! ¿Qué haces aquí? ¿Quieres un perro? ¿O un gato?

—Conmigo no tienes que fingir, Paula. Sé lo que has hecho. ¿No fue suficiente lo de la mascletá?

---

cientos de: muchísimos (varias veces cien)

Ojalá: expresión de esperanza, "espero que sí"

—Pero ¿qué dices? ¿Qué he hecho?

—Te voy a denunciar a la policía. ¿Sabes que podía morir mi abuelo? ¿Ahora que eres famosa crees que puedes hacer lo que quieres? Solo quiero saber por qué. ¡¿Por qué has incendiado nuestra falla?!

—¿Incendiado vuestra falla? ¡Yo no he sido, Teresa! ¡Te lo prometo!

—¿O era porque te gusta Germán? ¿Crees que así lo vas a conquistar? —Las mejillas de Paula cambiaron de color—. Pues ahora es libre, así que no necesitabas usar esos trucos tan horribles. ¡Eres un monstruo y vas a obtener lo que te mereces!

Teresa salió corriendo y desapareció. Paula se sentía mareada y no podía respirar. Cogió el móvil y llamó a Vega para contárselo. No sabía nada del incendio. «He pasado la noche en la protectora y no me ha visto nadie, no tengo testigos… ¡solo los perros y los gatos! ¡Esta vez me meten en la cárcel!».

—Llamo a Teresa en seguida, Paula. Tú quédate ahí. Yo sé que no has sido tú. ¡Si es necesario, decimos que estuve contigo toda la noche!

Paula no podía quedarse allí esperando,

quería hablar con Teresa. Germán y ella habían cortado* y se sentía culpable. Era raro, pero ya no pensaba en él como antes. Ahora pensaba solo en proyectos futuros, en albergues para animales… ¡y ese futuro podía desaparecer por una denuncia! El móvil sonó. Era Vega.

—Ven a casa, Paula. Te esperamos aquí. Tenemos que hablar.

Paula estaba tan ansiosa por llegar que corrió a casa arriesgándose a tener un accidente con la bici. La estaban esperando Vega y su madre.

—Mamá, ¡no he sido yo, te lo juro! ¿Me crees?

—¡Claro que sí, hija! Ven, dame un abrazo. Los bomberos dicen que explotaron unos petardos defectuosos abandonados fuera de la pirotecnia por error. Por suerte el viento alejó el peligro de la pirotecnia, pero unas chispas llegaron al taller del Oeste.

—Teresa ahora también lo sabe —la tranquilizó Vega—. Quiere pedirte perdón por las cosas que te ha dicho esta mañana.

---

habían cortado: ya no estaban juntos, su relación estaba terminada

—Yo debo pedirle perdón a ella. Me gustaba Germán y le hice participar en la aventura de la mascletá porque quería llamar su atención. Me siento fatal.

—Ah, no tienes que preocuparte. Creo que en realidad le has hecho un favor… ¡a ella y a Hugo! —contestó Vega con ironía.

—¡Pues creo que tienes razón! —dijo Paula con una gran carcajada—. Ahora deberíamos pensar en ayudar a Mestre Marc, ¿qué os parece?

—Me parece una idea maravillosa, Paula —dijo Carla con una gran sonrisa de felicidad.

✳✳✳

En la noche de la Cremá el fuego quema las fallas, pero también quema los engaños, las maldades, las envidias y todo lo negativo que ha sucedido durante el año. Justo después llega la primavera y todo se renueva. Este año, las fallas del Oeste y de Carpinteros han unido sus ninots y forman una nueva falla en la que Don Quijote y Alicia van en busca de aventuras. ■

se renueva: empieza de nuevo, recupera fuerza y energía

Comprensión lectora

1 Escribe preguntas para estas respuestas.

1 ¿Para qué ....?
   Para visitar a su abuelo.

2 ¿Qué ....?
   Que el incendio no ha sido un accidente.

3 ¿Por qué ....?
   Porque la alcaldesa decidió ceder un lugar a los animales.

4 ¿Cuál fue ....?
   Unas chispas que saltaron hasta el taller del Oeste.

5 ¿A quiénes ....?
   A Teresa y a Hugo.

6 ¿Cómo .... Paula? Fatal.

7 ¿Qué ....?
   Van en busca de aventuras.

2 Lee estas frases y contesta: ¿verdadero o falso?

	V	F
1 Mestre Marc pasa dos noches en el hospital.	☐	☐
2 Todos opinan que Hugo es un chico muy valiente.	☐	☐
3 Durante el incendio del taller de Mestre Marc, Teresa estaba en la protectora de animales.	☐	☐
4 Paula se arrepiente de su comportamiento con Germán y quiere pedir perdón a Teresa.	☐	☐
5 El fuego ha destrozado completamente la falla del Oeste.	☐	☐
6 La falla del Oeste no puede participar en las Fallas.	☐	☐

Gramática

3 **Durante la Cremá, Paula reflexiona. Completa con el Pretérito perfecto.**

Estos días (ser) **1** .... muy raros. Por una parte (yo, conseguir) **2** .... mi objetivo de proteger a los animales durante las Fallas, pero por otro lado (yo, comportarse) **3** .... mal con Vega y con Teresa. Con Vega porque (yo, poner) **4** .... en peligro sus aspiraciones de ser Fallera Mayor y con Teresa porque (yo, intentar) **5** .... atraer a Germán. ¡Menos mal que (nosotras, descubrir) **6** .... a tiempo que no era el chico ideal para nosotras!
La verdad es que me siento distinta y creo que todos nosotros (madurar) **7** .... : Vega y mamá (comprender) **8** .... mis preocupaciones y yo (darse cuenta) **9** .... de que las Fallas, en realidad, son unas fiestas fantásticas para la comunidad que crean solidaridad entre los valencianos. *Visca les Falles**!

*("¡Vivan las Fallas!" en valenciano)

DELE – Expresión oral

4 **Tienes que hablar durante 3 o 4 minutos de una fiesta popular en la que has participado. Estas preguntas te pueden ayudar a preparar tu exposición.**

- ¿Dónde tuvo lugar? ¿Cuándo fuiste? ¿Con quién?
- ¿Sucede todos los años? ¿En qué período? ¿Va mucha gente?
- ¿Qué sucedió durante la fiesta?
- ¿Cuánto tiempo duró la fiesta? ¿Dormiste fuera? ¿Dónde?
- ¿Qué actividades o productos típicos puedes describir? (Bailes, comidas, espectáculos...)
- ¿Quieres ir a otra fiesta? ¿A cuál, la próxima vez?

Las Fallas

Las Fallas son producto de un intenso trabajo durante todo el año por parte de muchísimas personas. La fiesta tiene muchas partes y elementos. ¿Los conoces todos?

Un casal. Es el local donde durante todo el año, y en especial en la semana fallera, los falleros y falleras de una comisión conviven para planificar la fiesta, trabajar, gestionar los recursos económicos y divertirse.

Una comisión. Es una asociación cultural en la que falleros y falleras, que suelen ser vecinos que viven en las mismas calles y plazas, colaboran durante todo el año para crear sus propios monumentos falleros. También se llaman fallas.

La Fallera mayor. Es la representante de cada comisión durante las fiestas. Su vestido tradicional está muy elaborado y tiene una larga tradición. Todos los años se elige también la Fallera Mayor de Valencia, que representa a la ciudad en actos culturales durante todo el año.

La falla. Es un grupo escultórico que se coloca en las plazas para ser quemado. Cada comisión construye dos: la falla mayor y la falla infantil. Con mayúscula, las Fallas son la semana de fiestas al completo.

La Mascletà: Espectáculo pirotécnico que tiene lugar todos los días durante dos semanas en la Plaza del Ayuntamiento.
Es una secuencia de explosiones que tienen un ritmo controlado. ¡Cientos de petardos que pueden llegar a superar los 120 decibelios con sus explosiones!

La Plantà. Momento en el que la falla se monta en su plaza y está lista para ser quemada durante la noche de San José. Las comisiones tienen dos días, el 15 y el 16, para "plantar" sus fallas.

La ofrenda de flores: Es una pequeña peregrinación en la que cada falla recorre a pie el camino que lleva a la Plaza de la Virgen para llevarle flores a la estatua de la Virgen de los Desamparados. Con estas flores se adorna un manto de varios metros de altura que tiene la estatua.

El ninot. Cada una de las figuras o muñecos que forman una falla. ¡Verdaderas obras de arte llenas de ironía y sarcasmo! Cada año, en las Fallas se salva de la quema un solo ninot por su belleza u originalidad: es el ninot indultado, que se quedará en el Museo Fallero para ser admirado por los turistas.

La Cremà. Es, en general, la hoguera en la que se quema una falla. Pero la Cremá con mayúscula es la noche más importante de la fiesta, el 19 de marzo, en la que se reducen a cenizas todas las enormes y maravillosas fallas de Valencia y localidades limítrofes.

La Ciudad de las Artes y las Ciencias

Es un complejo científico-cultural de 350.000 m2 que tiene una arquitectura futurista. Llamado *Ciutat de les Arts i les Ciències* en valenciano, fue proyectado por el famoso arquitecto e ingeniero Santiago Calatrava junto a otros como Félix Candela. ¡Vamos a conocer los edificios de la Ciudad de las Artes!

Umbracle

Es un mirador de más de 17.500 metros cuadrados desde el que se puede contemplar la globalidad de edificios, estanques, paseos y zonas ajardinadas de la Ciudad de las Artes y las Ciencias. Está formado por arcos de 18 metros de altura, dentro de los cuales hay un gran jardín con más de 50 especies autóctonas de Valencia y, además, una galería de escultura al aire libre.

Palau de les Arts

En él se celebran todo tipo de espectáculos musicales y teatrales: tiene una temporada de ópera y también de teatro experimental y de danza. Tiene cuatro salas principales; la más grande de ellas puede contener hasta 1.700 espectadores.

Hemisfèric

Se trata de una construcción muy curiosa. Simboliza el ojo humano que todo lo ve, y en su interior hay una sala de proyecciones con una gigantesca pantalla cóncava de 900 m2. En ella se proyectan tres espectáculos audiovisuales: fenómenos astronómicos en el Planetario, películas en gran formato (sistema IMAX), y Digital 3D.

Museu de les Ciencies

En este museo se organizan eventos para niños y jóvenes en los que se observa el espacio, se habla de energía y se experimenta con una avanzada tecnología, en una mezcla entre juego y estudio: se ofrecen infinidad de iniciativas relacionadas con la educación y la investigación científica.

Oceanogràfic

En este parque marino los más jóvenes pueden ser entrenadores de delfines por un día, dar de comer a los tiburones... es decir, estar en contacto directo con el mundo marino y aprender a respetarlo conociéndolo con proyectos de educación, conservación e investigación de las ciencias del mar. En él hay una representación de los principales ecosistemas marinos del planeta: el atlántico, el mediterráneo, las aguas continentales, los mares helados, el trópico, etc.

El Ágora

Es una plaza cubierta que todavía no está terminada, que para Calatrava simboliza la unión de dos manos. Tendrá una enorme cubierta metálica y estará cubierta por trecandís, un tipo de mosaico catalán hecho con trozos de cerámica. En el Ágora se podrán ver espectáculos de todo tipo o simplemente disfrutar de su extraña arquitectura.

La famosa paella valenciana o "arroz en paella" es la reina de las mesas durante las Fallas. Hay que recordar que la paella típica lleva arroz, pollo, conejo, judía verde, garrofón (un tipo de alubia), pimentón, tomate y aceite de oliva. Luego está también la popular paella de mariscos o la que mezcla carne con marisco... (¡nunca la pidas en Valencia!)

Pero, ¿sabes cuál es el ingrediente que le da su característico color amarillo? Descúbrelo con este crucigrama sobre las Fallas.

— — — — — — —

1 Sede física de cada comisión fallera: lugar donde se celebran reuniones, se toman decisiones, se hacen fiestas...

2 Mes durante el que se celebran las Fallas.

3 "Adiós" en valenciano (y catalán).

4 En valenciano, dulces típicos de Valencia con los que se suele acompañar la horchata.

5 Pequeño tubo de cartón relleno de pólvora que explota si se le aplica fuego.

6 Espectáculo pirotécnico con muchas explosiones rítmicas con un volumen muy alto. Se hace durante el día.

7 Cada muñeco/figura que forma parte de los monumentos falleros (fallas).

Programa de estudio

Temas
Amistad, lealtad
Aventura, misterio

Destrezas
Comprender un texto: lectura y/o escucha
Responder a preguntas de comprensión
Describir personas (oral y escrito)
Describir una situación y a una persona
Escribir una carta

Contenidos gramaticales
Presente de indicativo
Verbos pronominales (reflexivos)
Verbos *ser, estar, tener, ir*
El impersonal *hay*
Sustantivos y adjetivos
Frases relativas
Artículos, posesivos, demostrativos
Marcadores temporales
Tiempos pasados (Pretérito indefinido, imperfecto
y perfecto)
Preposiciones *a, de, por, para*
Pronombres OD y OI, tónicos y átonos
Tener que + infinitivo/ hay que + infinitivo (deber)
Ir a + infinitivo (futuro)

Contenidos socioculturales
Las Fallas: tradición cultural de la Comunidad
Valenciana
Lugares emblemáticos de Valencia
La lengua valenciana